Dibujo cielo de noche

por Chanelle Peters

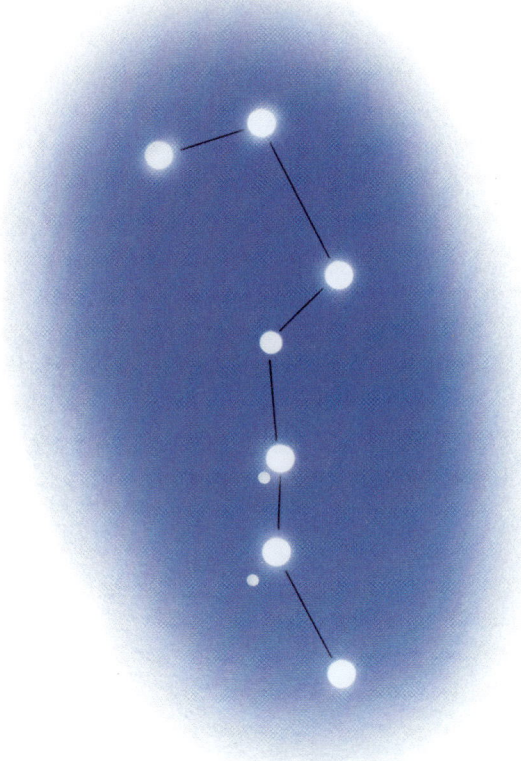

Scott Foresman
is an imprint of

Glenview, Illinois • Boston, Massachusetts • Chandler, Arizona
Upper Saddle River, New Jersey

Every effort has been made to secure permission and provide appropriate credit for photographic material. The publisher deeply regrets any omission and pledges to correct errors called to its attention in subsequent editions.

Unless otherwise acknowledged, all photographs are the property of Pearson.

Photo locations denoted as follows: Top (T), Center (C), Bottom (B), Left (L), Right (R), Background (Bkgd).

Opener: Brand X Pictures, (c)Dorling Kindersley; 1 (c)Dorling Kindersley; 3 (c)Dorling Kindersley; 4 (c)Dorling Kindersley; 5 Brand X Pictures; 6 (BL) (c)Dorling Kindersley, (CR)Getty Images; 7 (B) (c)Dorling Kindersley, (CR) Corbis; 9 (c)Dorling Kindersley; 10 (c)Dorling Kindersley; 11 (c)Dorling Kindersley; 12 (c)Dorling Kindersley; 13 (c)Dorling Kindersley; 14 (c)Dorling Kindersley; 15 (c)Dorling Kindersley.

Illustrations by Jean Morin.

ISBN 13: 978-0-328-53539-2
ISBN 10:   0-328-53539-7

Copyright © by Pearson Education, Inc., or its affiliates. All rights reserved. Printed in the United States of America. This publication is protected by copyright, and permission should be obtained from the publisher prior to any prohibited reproduction, storage in a retrieval system, or transmission in any form or by any means, electronic, mechanical, photocopying, recording, or likewise. For information regarding permissions, write to Pearson Curriculum Rights & Permissions, One Lake Street, Upper Saddle River, New Jersey 07458.

Pearson® is a trademark, in the U.S. and/or other countries, of Pearson plc or its affiliates.

Scott Foresman® is a trademark, in the U.S. and/or other countries, of Pearson Education, Inc., or its affiliates.

1 2 3 4 5 6 7 8 9 10 V0G1 18 17 16 15 14 13 12 11 10 09

¿Has visto las estrellas de noche? ¿Sabes cómo **se abrieron** paso las estrellas a través del cielo? Desde hace mucho tiempo, las personas han intentado explicar lo que ocurre en la naturaleza. Los astrónomos son un ejemplo. Ellos tratan de explicar lo que pasa en el cielo con las estrellas.

Hace miles de años pasaban el tiempo observando las estrellas con instrumentos muy rudimentarios. Con el paso del tiempo se han creado instrumentos más sofisticados que permiten observar y explicar mejor lo que ocurre.

Los antiguos astrónomos llegaron a **imaginarse** que había líneas entre algunas estrellas. Para ellos las líneas creaban figuras y dibujos. Estos dibujos fueron conocidos como constelaciones.

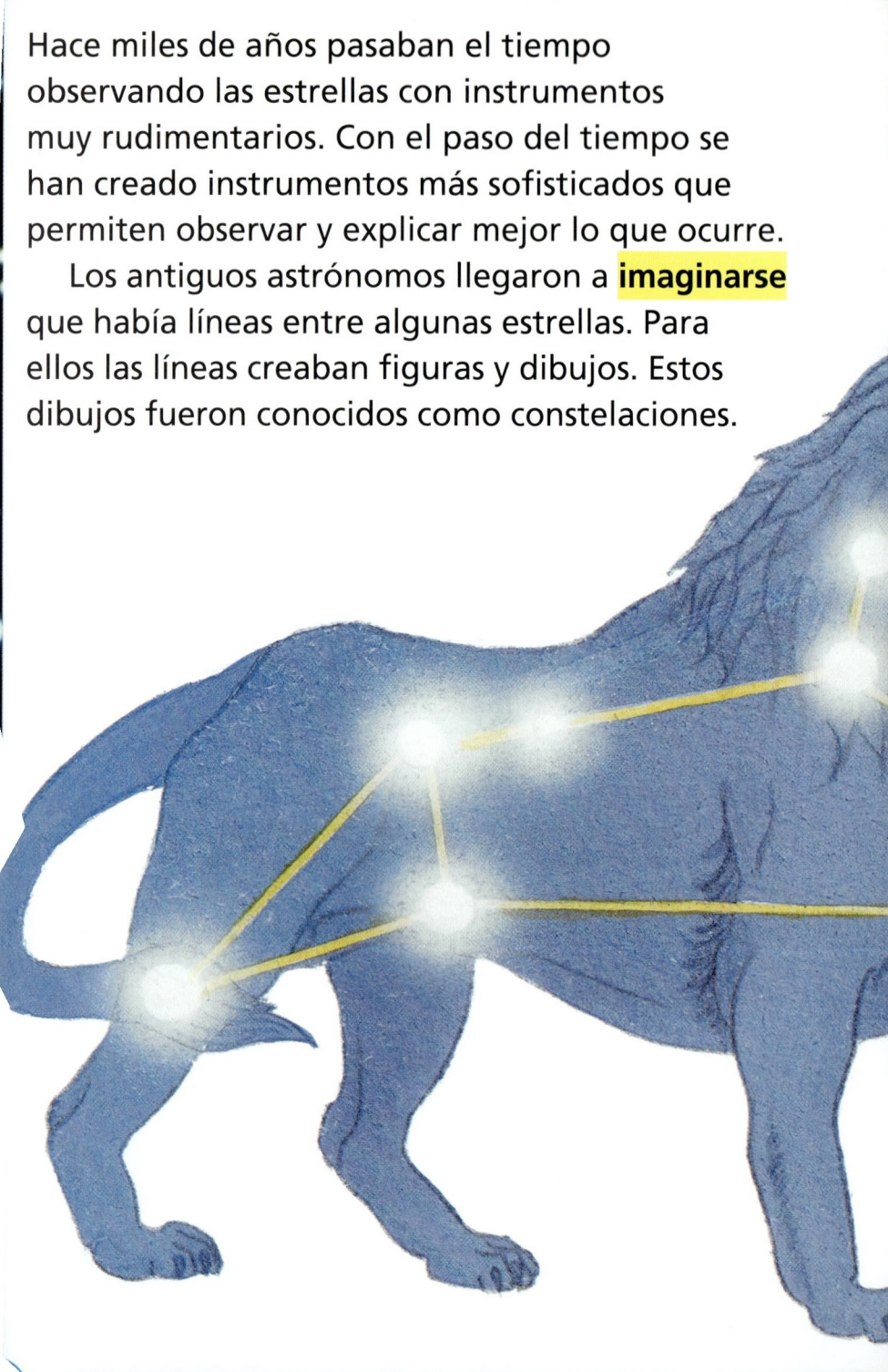

Muchas constelaciones llevan el nombre de dioses y héroes de los mitos griegos y romanos.

Puede resultar difícil ver una figura u objeto en una constelación. Éstas no muestran personas, animales o cosas reales. Las constelaciones sólo sugieren formas que las personas tienen que imaginarse según lo que saben de la constelación. Además, los astrónomos también descubrieron que se pueden ver distintas constelaciones en el cielo en distintos momentos del año. Por tanto, debemos conocer más sobre las constelaciones para poder hallarlas en el cielo.

Estrellas que forman la constelación Leo

Los astrónomos de la antigua Mesopotamia fueron los primeros en dar nombres a las constelaciones. Los del antiguo Egipto y la antigua Grecia también nombraron constelaciones.

En 1928 se reunieron astrónomos de todo el mundo y decidieron organizar las estrellas. Los astrónomos las colocaron en diferentes formas y crearon ochenta y ocho constelaciones. Esta organización permitió analizar y explicar mejor lo que se ve y ocurre en el cielo.

A estas ochenta y ocho constelaciones les dieron nombres en latín. Quizás conoces algunas. Una de ellas se llama Aries, que significa "carnero". Un carnero es un animal parecido a las ovejas y las cabras. Los carneros tienen **cuernos**, que son prolongaciones óseas en la frente de algunos **mamíferos**. Delphinus, otra constelación, significa "delfín". ¿Por qué vienen del latín estos nombres? Porque las personas que descubrieron y nombraron muchas constelaciones hablaban latín.

Aries, que significa "carnero" (abajo a la izquierda), y Delphinus, que significa "delfín" (abajo a la derecha)

Algunas constelaciones tienen estrellas muy brillantes. Estas estrellas eran importantes para los pueblos antiguos. Incluso les dieron nombres. Muchas personas pensaban que estas estrellas influían en lo que ocurría en la naturaleza y en su vida.

La mayoría de estas estrellas tienen nombres griegos o árabes. La constelación de Géminis contiene las estrellas Cástor y Pólux que son nombres griegos. También contiene las estrellas Wasat, Mebsuta y Alhena que son nombres árabes.

Ya leíste cómo los astrónomos nombraron las constelaciones. También las personas comunes intentaron explicar algunas constelaciones y su influencia en la vida y la naturaleza. Así se crearon los mitos. Los mitos son cuentos en los que el **narrador** trata de explicar cómo se formaron las cosas en la naturaleza. Usualmente, estos cuentos se narran de forma oral de generación en generación. Los mitos de las constelaciones vienen de las culturas africana, china, egipcia, griega, romana e indígena norteamericana. Hay otras historias que cuentan hechos increíbles sobre dioses y héroes.

Antiguo templo romano, rodeado de **abetos**, construido en honor a Cástor y Pólux

Entre los griegos y romanos existieron muchos astrónomos importantes quienes nombraron muchas estrellas y constelaciones. La palabra *astronomía* viene de las palabras griegas que significan "estrella" y "ley".

Los antiguos griegos y romanos usaban constelaciones para honrar a sus dioses, como Juno y Zeus.

Estatua de Juno (arriba) y estatua de Zeus (izquierda)

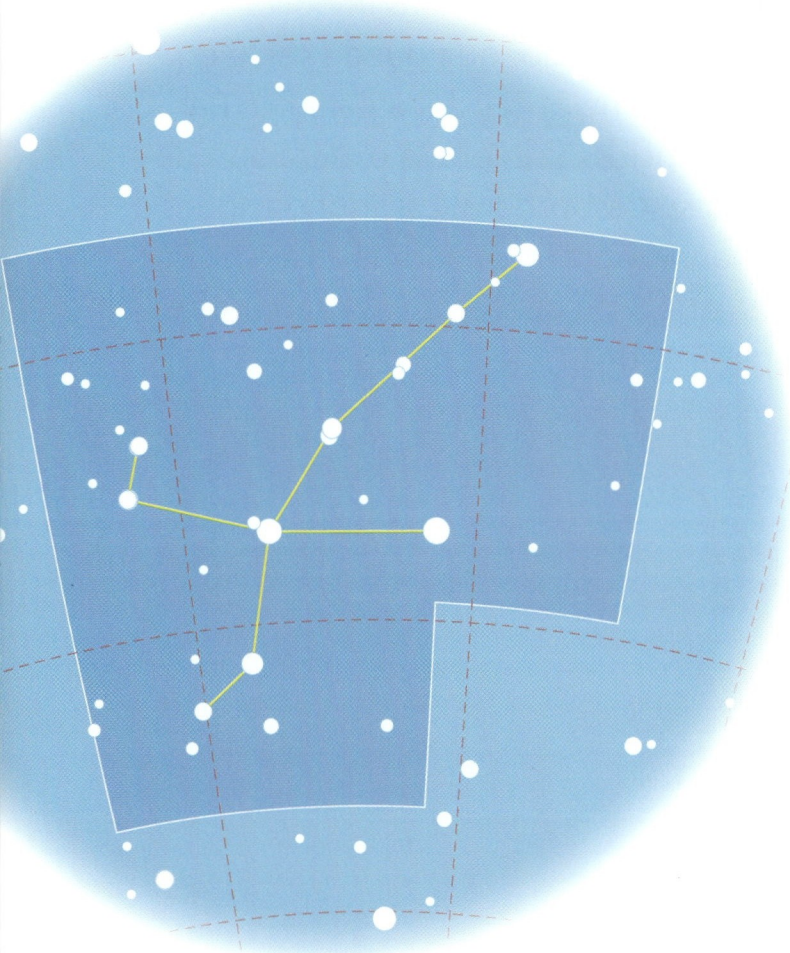

Constelación de Hércules

Los griegos y romanos pasaban mucho tiempo observando y estudiando el cielo de noche. Los padres de esa época les señalaban constelaciones como la de Hércules a sus hijos.

Los antiguos egipcios también miraban las estrellas. Una de sus estrellas más importantes era la que llamamos Sirio, que puede verse en Egipto una vez al año antes del amanecer. Para los antiguos egipcios, Sirio era la explicación de que el río Nilo se desbordara. Las inundaciones o crecientes eran importantes para la cosecha. Por eso cada vez que Sirio aparecía, los granjeros se sentían esperanzados.

Escalera egipcia con indicadores para medir las inundaciones o crecientes del río Nilo (derecha) y un reloj de sol (más a la derecha)

Otros pueblos antiguos también usaban las constelaciones como guía para cultivar. Para los bantú, un pueblo de África, la constelación de las Pléyades era muy importante. En ella veían un arado. Por eso, cuando veían las Pléyades comenzaban a arar y sembrar.

Los indígenas americanos cuentan leyendas sobre las estrellas Sirio y Antares. Identifican ambas estrellas con perros. La leyenda explica que cuando las personas mueren, viajan por el cielo. Luego, deben pasar por estas dos estrellas. Si alimentan sólo al primer perro y no al otro, tendrán que quedarse para siempre en el cielo.

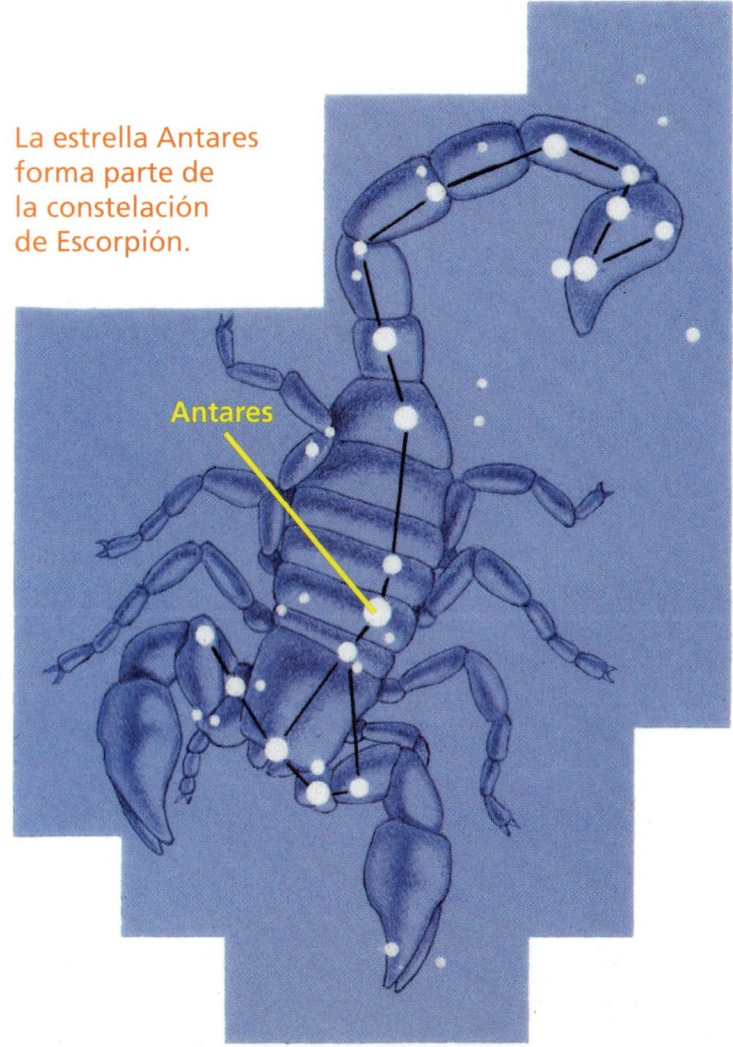

La estrella Antares forma parte de la constelación de Escorpión.

Antares

La estrella Sirio forma parte de la constelación del Can Mayor.

Has aprendido mucho sobre las constelaciones y cómo los astrónomos y las personas explicaron su relación con algunos eventos de la naturaleza. La próxima vez que veas el cielo de noche, piensa en lo que has aprendido. Quizás puedas reconocer alguna constelación.

Glosario

abetos *s. m.* Árboles parecidos a los pinos que crecen en Europa, Asia y América del Norte.

cuernos *s. m.* Prolongación ósea que tienen algunos animales en la región frontal.

imaginarse *v.* Representarse una imagen o idea en la mente.

mamíferos *s. m.* Animales cuyas hembras alimentan a sus crías con la leche de sus mamas.

narrador *s. m.* Persona que cuenta una historia.

se abrieron *v.* Dejaron de estar cubiertos o cerrados. Traspasaron un obstáculo.